KB269069

부활

민음사

제1시집 彼岸感性

제2시집 해변의 운문집

차례

제 1 시집

彼岸感性

부활

동해 아득하라. 하늘과 땅 그리고 사람들도 아득하라
바야흐로 동해 기슭 몇 군데에
서로 부서지면서 모인 게껍질들아
지난밤 흰 구름의 울음을 울더니
오늘 아침 해돋이 붉은 햇빛으로
저마다 뼈 속의 살과
두어 개의 눈을 얻어
모든 쓰라린 거품을 보내고
동해 기슭을 일제히 기어 나가라
게들아 게들아 기어 나가라
그리하여 동해 깊은 바다 밑바닥에 들어가
가장 무거운 암초들을 물어뜯어라
또한 그리하여 아픈 바다는
빛나는 아픔의 물결, 진노의 물결과
서로 조각조각 사랑하는 물결로 물결쳐라
하늘과 땅 그리고 사람들도 일어나서
모든 뼈에 살이 쌓이고
떠난 넋들아 몸에 돌아오라
가을에 어린 것들과 늙은 것이 돌아가듯이 돌아오라

동해 기슭 삼척 주문진 낙산사에 널린 오징어들아
다시 눈부신 물오징어로 헤엄쳐서
너희들의 자유와 슬기의 관능으로
울릉도 독도 근해 海潮音의 햇빛을 받아라
이 나라의 죽은 것들아
죽어서 집 없는 無住孤魂들아
저마다 가엾게 살아나서
동해 기슭을 달밤의 모래알들로 사랑하고
너희들은 백의민족 인산인해의 춤으로 춤추어라
동해 아득하라. 북과 쇠북아 울어라

눈물

序

아 그렇게도 눈물 나리라.
한 줄기의 냇가를 들여다보면
나와 거슬러 오르는 잔 고기떼도 만나고,
그저 뜨는 마름풀 잎새도 만나리라.
내 늙으면, 어느 냇가에서
지난날도 다시 거슬러 오르며 만나리라.
그러면 나는 눈물 나리라.

누이에게

이 세상의 어디에는
부서지는 괴로움도 있다 하니,
너는 그러한 데를 따라가 보았느냐.
물에는 물소리가 가듯
네가 자라서 부끄러우며 울 때,
나는 네 부끄러움 속에 있고 싶었네.

아무리 세상에는 찾다 찾다 없어도
너를 만난다고 눈멀으며 쏘다녔네.
늦봄에 날 것이야 다 돋아나고
무엇이 땅속에 남아 괴로워할까.
저 夜摩天에는 풀 한 포기라도 돋아나 있는지,
이 세상의 어디를 다 돌아다니다가
해 지면 돌아오는 네 울음이요,
울 밑에 풀 한 포기 나 있는 것을 만나도
나는 눈물이 나네.

천은사 韻

그이들끼리 살데.

골짜구니 아래도 그 위에도
그들의 얼얼이 떠서
바람으로 들리데,

그이들 솔바람 속의
빈 산허리,

이 가을, 바위를 골라
우는 추녀 끝
뜰에 떨어지는 풍경 소리에

그이들끼리 살데.

이제, 돌아와 한 번 잊은 뒤,
도로 가고 싶은
그이들의 얼 바람진 산허리.

그이들은 살데. 그이들은 살데.

폐결핵

1

누님이 와서 이마맡에 앉고,
외로운 파스 하이드라지드 병 속에
들어 있는 정서를 보고 있다.
뜨락의 목련이 쪼개어지고 있다.
한 번의 긴 숨이 창의 집으로 삭아가 버린다.
오늘 슬픈 하루의 오후에도,
늑골에서 두근거리는 체온의 넋이
이름 없는 머나먼 곳으로 간다.
지금은 틀거울에 담은 기도와
소름 마르는 아래 얼굴,
모든 것은 이렇게 두려웁구나.
기침은 누님의 간음,
한 겨를의 실크빛 연애에도
나의 시달리는 홑이불의 일요일을
누님이 그렇게 보고 있다.
언제나 오는 것은 없고 떠나는 것뿐
누님이 치마 끝을 매만지며

화장 얼굴의 땀을 닦아 내린다.

2

형수는 형의 말씀을 해준다.
형수의 묵은 젖을 빨으며
고향의 병풍 아래로 유혹된다.
그 분보다도 이미 아는 형의 반생애,
나는 모르는 척하고 눈을 감는다.
항상 기 아래 있는 영웅이 떠오르며,
그 영웅을 잠재우는 미인이 떠오르며,
형수에게 넓은 우리 농지를 물어보려 한다.
내가 창조한 것은 누가 이을까.
쓸쓸하게 고개에 녹아가는
눈허리의 명암을 씻고 그 분은 나를 본다.
작은 카나리아 핏방울을 혀에 구을리며,
자고 싶도록 밤이 간다.
내가 자는 것만이 사는 것이다.

그리고 형의 사후를 잊어야 한다.
얼마나 많은 끝이 또 하나 지나간다.
형수는 밤의 부엌 램프를
내 기침 소리에 맡기고 간다.

요양소에서

작별

서서 우는 누이여,
너의 비치는 치마 앞에서 떠난다.

너를 만나고 헤어지는 것에서
새로 떠나지 않아서는 안 된다.
새로 흐린 봄이 오고 있다.

편지

어제는 오늘의 하루이다.
가을날, 소리 없는 볕 아래
편지를 뜯으며,
한 소경을 기다린다.

하늘에 금이 가는 거미줄이여.

이 滿潮에 노래하다

제주 滿潮여, 그대는 떠나는 배를
조금만 늦게 떠나게 하고
이제 밤배들을 돌아오게 한다.
어떻게 지킬 약속을 실어오는지,
한 척의 거룻배도 삐걱거리며 돌아오게 한다.

그러나 滿潮여, 그대는 한 물새가 弔喪할 것을 弔喪하
게 한다.
돛받이에 다친 어부는 귀 잡은 손을 풀고
온갖 그물코에 별들을 걸어야 한다.
잠깐이다. 다른 세상에서 다른 여인이 낳을 것이다.
오늘까지 살아온 자는 그대 앞에 있고,
언젠가 오랜 땅보다도 오랜 바다를 소망하리라.

滿潮여, 누군들 그대 앞에 한낱 어린 길손이리라.
그러나 滿潮여,
그대가 이 마을을 가득하게 할 때.
산지포 노인의 지는 숨은 빨리 지고
새 갓난애와 별똥이 탄생한다.

이 세상을 떠나는 자도 오는 자도
그대가 이 마을을 가득하게 할 때인지라.
먼 곳으로부터 썰물 때는 서두를 수 없으리라.

저 북쪽 바다에는 동정녀의 漁火를 수놓게 하고
한 물결만큼 바람을 쉬게 해도 물결은 찬란한 살로 일
렁인다.
滿潮여, 고기떼는 좀 남아서 자지 않을 것이고,
여러 물새들은 제 날개를 재워야 한다.

제주 滿潮여, 이제 그대가 이 마을을 떠나려 할 때
저 어둔 바다는 새끼아지와 소라도 키우지 않고
잠시 바닷쥐의 넋을 키우지 않으리라.
이미 돌아온 배는 비어 있으나
어느 작은 갑판 위에 인기척이 남고
마지막 배가 죄 없이 돌아온다.
滿潮여, 저들 어부에게 목 축일 술을 허락하라.

그리하여 이 마을은 조심스럽게 썰물을 기다리게 하라.

모든 것은 가득하고 그리고 마지막에 떠오른다.
밤은 깊다. 그러나 滿潮여,
오늘 이 마을 일은 다 끝났다.
저 북쪽 바다는 더 넓어질 것이고,
그러나 제주 滿潮여, 오늘밤 꼭 떠나갈 배를 내일 떠
나게 하라.

저문 別刀原에서

이 유월의 유동나무 잎새로써
그대 襟度는 넓고 보드라워라.
저문 들에는 노을이 短命하게 떠나가야 한다.
산을 바라보면 며칠째 바라본 듯하고
나만 저 세상의 일을 알고 있는 양
벌써 들쥐놈들은 바쁘고
낮은 담 기슭에 상추는 쇠어간다.
제 모가지를 달래면서 소와 말들은 돌아가
차라리 馬珠樹꽃을 싫어하며 빈 새김질을 하리라.
이제 저문 어린애 제 울음을 그친 귓속으로
내 등뒤에 하나인 것이 너무나 많고,
저 九州 하현달 단 하나만 늦게 떠올라 오리라.

묘지 頌

아무도 찾아오지 않는데 그대 자손은 차례차례로 오
리라.
지난밤 모든 벌레 울음 뒤에 하나만 남고 얼마나 밤을
어둡게 하였던가.
가을 아침, 財寶인 이슬을 말리며 그대들은 잔다.
햇빛이 더 멀리서 내려와 잔디 끝은 희게 바래고
올 이른 봄의 할미꽃 자리 가까이 며칠 만의 산국화가
모여 피어 있구나.
그대들이 가졌던 것은 비슷비슷하게 사라지고 몇 군데
의 묘비는 놀라면서 산다.
그대들이 살았던 이 세상에는 그대의 뼈가 까마귀 깃
처럼 운다 하더라도
이 가을 진정한 슬픈 일은 아니리라.
오직 살아 있는 남자에게만
가을은 집 없는 산길을 헤매게 한다.

그대들은 이 세상을 마치고 작은 祭日 하나를 남겼을 뿐
옛날은 이 세상에 없고 그대들이 옛날을 이루고 있다.
어쩌다, 잘못인지 노랑나비가 낮게 날아가며

이 가을 한 무덤 위에서 자꾸만 저 하늘에 어떤 하늘
이 있다고 일러준다.

아무도 찾아오지 않는데, 그대들은 이 무덤에 있을 뿐
그대 자손은 곧 오리라.

향수

諦聽 諦聽(觀無量壽經)

하늘 아래, 손 사래로
내 지은 옛을 가린다 해도,
다 아쉬운 바람귀 두려워 오니
어디만큼이뇨 노을을 사고,
그리하여 시름을 마치
비 긋는 숨으로 쉬듯
눈감은 다음, 보아라.
이내 어릴 적 저녁
무지개의 허리여.

시월의 술

오늘 추수의 창을 열고 있으매,
어느 손아래의 생각 하나 찾아오지 않고
내 눈의 반가운 눈물 앞에
가을철 별이 취해 온다.
그걸 한 손등에 받아 보고 있자니,
아 어릴 적 잠든 養母의 젖 안에 살던 고요였구나.

내 몸소 허리를 풀고,
이 고요에 자상한 그리매나 지어주고자 하나,

홀로 서산 자작나무 숲을 넘어 천도하고 싶을 뿐이다.

아이야, 문득 시월 行李를 차려놓아라.

가을 端坐

이것이 내가 앉아 있음인가.
바깥 나라에는 눈이 오는가.
문풍지를 재우고
한 마음 재우고

금강반야바라밀경을 재운다.

제 2 시집
해변의 운문집

海軟風

노래는 누가 지었는지 모르고 노래만 남아 있다.
저녁 풀밭이 말라서 비린 풀냄새가 일어나고,
처음부터 말떼는 조심스럽게 돌아온다.
여러 산들은 제가끔 노을을 받아 혹은 가깝고 혹은
멀나.
또한 마을 처녀가 밭에서 숨지는 햇살을 가장 넓은 등
에 받고
이 고장에서 자라 이 고장에서 시집갈 일밖에는 생각
하지 않는다.
아무리 어제의 뭉게구름이 그토록 아름다웠을지라도
그 구름은 오늘 바라볼 수 없으며 벌은 날아가다 죽
는다.
이 땅에 묻힌 옛 피가 하루하루를 그들에게 가르치며,
아직 밭 일꾼과 귀 작은 소떼와 처녀들이 돌아오지 않
은 채
화북 마을의 갈칫배는 희미꾸레한 돛을 올리고
제 마음에 따라 다른 바다를, 그러나 한 마음으로 떠
난다.
노래는 누가 지었는지 모르고 노래만 남아 있으며,

바다는 좀더 북쪽 별 나타날 곳으로 기울었는지
성산포 牛島 배와 마주친 배들은 나비처럼 떠나간다.
그러나 먼 상하이는 밝을 것이고 서쪽 바다의 지평선
에는
가까스로 돌아오는 涯月 배들이 날카롭게 솟아 있고,
지는 해를 등지며 때로 바다는 오늘같이 어질어질하
구나.

애마 〈한스〉와 함께

오늘 새벽, 수수 잎새 같은 옷을 걸치고
나는 4세 마 〈한스〉를 타자 마구 달렸다.
처음 곡식을 거둔 빈 밭에는 채일 것이 없다.

내가 달릴 때 말이 넘서 요왕敎父네 종소리를 들었나.
그리고 내 귀는 말의 귀에 대고 어렴풋이 들었다.

아직 주홍 꽃신을 제 품에 안고 내 외동딸은 쌕쌕거리
겠지.
내가 돌아가서, 네가 처녀가 되어 있으면, 첫째 〈한스〉
가 놀라리라.

어느덧 우리는 하얀 길을 달리는구나.
말 고삐를 낚아채지 않아도
〈한스〉는 내 마음을 이미 알고 있다.
새벽 길은 남은 가을 끝이 여기저기 잠들었고
침착한 大氣뿐, 캐비지 밭을 끼고 밤은 뜬눈으로 지새
었구나.

모처럼 외동딸을 피해, 어린 시절의 마을 장님 노래와
대만까지는 이틀이면 갈 바다와 박쥐들과……
내 〈한스〉는 그런 것을 내게 주면서 달린다.

어디로 가는 것인가, 내 두 다리는 말의 옆구리에 맡
길 뿐이다.
그러면 〈한스〉는 새벽꿈이 주인 때문에 끊겼다고 투덜
대다가 비는구나.

몇십 년 동안 농부는 밭에 있으나, 아직 새벽 밭은 비
어 있고,
지난 여름 하늘의 곰별자리 밑께로 〈한스〉는 멈춘다.
내가 앞으로 가슴이 밀리다가 내리고 안장은 따뜻한
채 기다리리라.

그러나 파리가 뜯어먹은 흉터쟁이 〈한스〉야 우리는 어
서 돌아가자.
이제 신 한 짝이 품에서 내려지고 외동딸이 깰 아침이
구나.

내 아내의 농업

이미 날이 저문다. 시장기 든 해거름의 일꾼들이 돌아온다.

어떤 장님도 눈을 뜨게 한다. 풀밭에서 몰고 온 이웃집 牡牛는 긴 입 안이 가득하게 헛새김질을 한다.

그 녀석이 제 주인의 잘못을 오래오래 걱정할 때도 있다.

청과물 장에 짐을 부리고 온 내 晩婚의 처음, 아직 아내는 들에서 오지 않았다. 나는 美濃 무로 담은 깍두기와 찬밥을 먹을 것이다. 그리고 홍차를 마실 것이다.

첫딸의 이름은 아내의 허리에 달아 두려 한다.

러시아의 父稱을 넣지 않으련다. 이제 바다는 滿潮일 것이다.

아내의 수건 벗은 새벽 머리부터 이 세계는 어두워온다. 이윽고 그네가 먼 들길을 건너올 때, 우리나라의 별똥이 그 위에 흐른다. 나는 아무 뜻도 없는 소망을 뒤늦게 표현한다. 아내의 손발이 얼마나 텄을까.

오늘 장에서 神 같은 크림을 사왔다. 이제 내가 찾을 아내의 가슴은 죄송한 내실에 있다.

오직 입 다물고 해산을 기다릴 뿐, 아내의 농업은 어
디로 떠날 수 없도록 교목을 섬긴다.
저 멀리 미혼의 기적 소리가 들린다. 이제 아내는
한쪽 귀로 떨며 작은 문을 연다. 그네의 모습은 내가 끝
없이 반기기 때문에 보이지 않는다. 이제 바다는 滿潮일
것이다.

제주의 D단조
── 金鍾喆에게

당신을 표현하기에는 언제나 형용사밖에는 없다.
바흐로부터 바흐까지 돌아온
G선상의 旅愁와 같다.

싱그러운 눈의 외로움
등뒤에서 비 오는 소리
또한 햇무리 흐르는 계단의 정적

어떤 기쁨에라도 슬픔이 섞인다.

그러고는 아름다운 여자를 잉태한 젊은 어머니의 해변.

오늘, 저 하마유꽃이라도 지는 흐린 날,
어제의 빈 몸으로 떠나는구나.
그러나, 아무것도 아무것도 묻지 않는다.
바람이 분다.

漢拏拜禮日

오늘, 누구의 1주기와 같다.
부시시 붓는 속옷바람으로,

창 걸고 눈이 여윈다.

저 자욱하게 떠오르는 산허리엔
몇만의 새벽이 머물러 있고,

비로소 산을 울리는 첫 아이의 울음,
이와 함께 어미의 젖은 젊다.
며칠째 유유 같은 바람 일듯 일듯 자더니
바다는 살이 찐다.

바다 돌아다보지 않고
형의 등은 잠든다.

이 누리엔 진정한 그림자뿐으로,

눈에 차는 아우성의 구름 비낄 때,
한라 이마는 몸소 내려온다.

早春修身

그대 시야 밖에서 艶艶한 아지랑이가 살고
이곳에선 파란 보리밭이 젖는다.

새 내의를 갈아입은 일부분의 추위.

내가 던진 팔매 사이로 옮겨오는 나뭇가지들
그 雨候의 가지에 부은 눈들은 안다,
벌써 하늘이 종달새를 부르는 흐림을.
그러나 잠든 테리아종 강아지는
제 꼬리만을 깨어 남기고
형과 아우 다툼을 누이가 보면 아름답다.

아직 우리나라 사람들은 고향을 사랑한다.
언제나 봄은 처음이고
내가 처음으로 처음으로 슬프기 때문이다.

누가 먼저 신었던 신 바닥의 온기,

울밑에 남은 눈더미로 희끗희끗한 기침이 쏠린다.
제주 수선화가 피어 그대를 괴롭히려 한다.

지난 가을에 내린 꿩과 내 지혜는 남몰래 떠난다.

내 혼자 보리밭에 가서 기침을 한다.
문득 내 지친 허리 쪽에서
그대 누이만 남아 아우를 달랜다.

그대 시야 밖에서 艶艶한 아지랑이가 살고
아직 이곳에선 파란 보리밭이 젖는다.

부부의 사진

싸리울 가에 핀 황매꽃으로
오늘 삼줄의 날을 이웃한다.

혼자일수록 아무도 청하지 않고
한두 번 아는 내외분을 받는다.

그이들이 와 이루는 희끗희끗한 그늘,
꽃 한 가지로 꽂아 막으랴.

혹시, 먼 산 눈 녹은 자리에도
이 내외는 있다가 와서,

그 울려오는 머리 바람을 맞을 뿐
서로 웃다가 먼저 앉는다.

이내 울산 미나리에 햇장을 마련하여
그들의 냇가 가까운 기쁨을 얻고,

새 그릇 쓴 뒤 부실 일 잊어도

올봄 꽃빛 얘기에 노을 같은 물 든다.
해 나는 잇 사이 쉬는 하루가 티 없어라.
그러다가 뉘의 마음이 삼눈에 들어도,
아주 볕 잘 드는 여울 허리
낮 부벼 끄고 건너는 서위

저 지아비와 지어미의 기우는 하늘께로부터
그들의 그리매를 가려 떼어놓는다.

한 아름 사랑해야 할 싸리울 가에,
오늘 황매꽃의 그이들이 남아 있으랴.

하루 만의 戀唄

그대여 오늘은 어제와 같지 않습니다.
이른 아침 늪 가에서 발을 씻었습니다.
새 남색 양말을 신고
沙羅岳 허리를 표표하게 넘었습니다.
그 바다는 부유하고 저는 초라하였습니다.
좀더 남쪽으로 바람이 일 때
저는 죄짓는 듯이 어지럽고
어제는 왜 저에게 한 盆의 病도 보내지 않았습니까.

비록 이 봄에 뿌린 씨가 늦어도
올해 추수는 저물지 않습니다.
제 한쪽 얼굴은 그을린 채
그대 뵈어도 부끄럽지 않습니다.
저 저자에서 반 되의 석유를 산 뒤,
어릴 때 처음 초승달을 외면했던 마음
이제 그대에게 제 발길은 다가갑니다.

오늘 제가 할 일은 몹시 고단하게 남아 있습니다.
배가 떠나기 전까지 짐을 실어야 하고

해질녘 몇 푼의 전표를 타 올 것입니다.

그대여 이 하루의 남자에게 마지막 종소리를 듣게 하
옵소서.

奢侈

　어린 시절, 고향 바닷가에서 자주 초록빛 바다를 바라
보았습니다.
　빨랫줄은 너무 무거웠고 빨래가 날아가기도 했습니다.
　제가 가지고 있던 오랜 병은
　착한 우단 저고리의 누님께 옮겨갔습니다.
　아주 그 오동꽃의 肺臟에 묻혀버리게 되었습니다.
　누님은 이름 부를 남자가 없었고
　오직 「하느님!」 「하느님!」만을 불렀습니다.
　저는 파리한 채, 누님의 혈맥은 갈대밭의 欸乃로 울렸
습니다.
　이듬해 봄이 뒤뜰에서 살다 떠나면
　어쩌다 늦게 피는 꽃에 봄이 남아 있었습니다.
　이윽고 여름 한동안 저는 흙을 파먹고 울었습니다.
　비가 몹시 내렸고 마을 뒤 넓은 간석농지는 홍수에 잠
겼습니다.
　누님께서 더욱 아름다웠기 때문에 가을이 왔습니다.
　찬 세면물에 제 푸른 이마 주름이 떠오르고
　그 水量을 피해 가을에는 하늘이 서서 우는 듯했습니다.
　멀리 기적 소리는 확실하고 그 뒤에 가을은 깊었습니다.

모조리 벗은 나무에 몇 잎새만 붙어 있을 때,
누님은 그 잎새들과 이야기했습니다.
그리고 맑은 뜰 그 땅 밑에서 뿌리들이 놀고 있었습
니다.
하느님 나라가 더 푸르기 때문에 제 눈 빠는 버릇이
자고
그러나 어디선가 제 행선지가 기다리고 있다고 믿었습
니다.
누님께서 기침을 시작한 뒤 저는 급격하게 적막하였습
니다.
차라리 제 턱을 치켜들어 보아도
다만 제 발등은 노쇠로 복수받았습니다.
마침내 제가 참을 수 없게 누님은 피를 쏟았습니다.
한 아름의 치마폭으로 그녀는 그것을 꺼안았습니다.
그때 저는 비로소 보았습니다. 누님의 깊은 부끄러움
을.
그리고 그 童貞 안에 內宿한 潮汐을.
그 뒤로 저의 잠은 누님의 잠이었습니다.
누님의 내실에는 어떤 고막이 가득 찼고

저는 문밖에서 순한 밤을 한 발자국씩 쓸었습니다.
누님께서 우단 저고리를 갈아입던 날,
저는 누님의 황홀한 시간을 더해서,
겨울 바닷가를 헤매다가 돌아왔습니다.
이듬해 봄의 음력, 안개 묻은 빨랫줄을 가리키며
누님의 흰 손은 떨어지고 이 세상을 떠났습니다.
저는 울지 않고 그의 흰 陶磁 베개 가까이 누워
얼마만큼 그의 혼을 따라가다 왔습니다.

新 월광곡

마침내, 달빛은 따 위로부터 일제히 일어서서 오르고 있사옵니다. 이렇듯 달이 하늘에서 내려와 살아온 지는 오래겠지마는 비 개인 고요로 하여금 더욱 배고픈 듯 그러하옵니다. 가지에 열린 나뭇잎들과 풀잎들 제 뿌리 가까이 수그리다 곤두서고 있으매, 이와 반면, 금수마저 다 제 곳에 깃들여 숨결이 차츰 羊毛인 양 밝아지고 있사옵니다.

어둔 이 누리는 이 누리와 저 누리를 합한 것이요, 그것은 남녀의 태초가 부끄러웁듯이 저 깊은 흉금의 근원으로부터 맞이한 사랑이옵니다. 이때 半夜의 하늘은 어둠을 참다 깨어 따 위에 쓰러져 있던 달빛을 기폭처럼 부르는 것이옵니다. 그리하여 달빛은 그 부름에 응감하여 울듯 높게 높게 오르고 있사옵니다. 아버지가 어머니다운 것인 양 하옵니다. 그러나, 어느 엷고 비린 구름 끝을 거두고 달의 一面이 모조리 나타나옵니다. 아 지난 죄로라도 물이 쏟아지듯 들키고 싶사옵니다.

바야흐로 누리의 어둔 산 물결이 길게 내려와 머문 시골의 건넛동리에는 흡사 이미 떠나간 혼이 다시 돌아온

듯 우리나라의 감꽃이 두 그루의 간격을 서로 대하여 피어 있사옵니다. 아마 이 감꽃은 아무도 본 눈이 없이 이 순간 달빛이 쌓여서만 처음으로 현신한 전설일까 하옵니다. 그저 피어 옴이 아니요, 어지러운 비 퍼붓고 있는 한 마감을 보고 있는 듯하옵니다. 다못 이제는 더 시새우는 어여쁜 첫 비가 아니 내릴 것을 간절하게 비난수해야 할지 모르겠사옵니다. 여름은 모든 것이 제 모습을 나타내도록 덥기 시작하는 것이옵니다. 바라보건대, 이러한 씻은 손으로도 가리켜 볼 수 없이 황송한 두 그루의 감나무는 제 꽃을 꽃으로만 자랑하지 않게 서로 주고받는 허무이옵니다. 이윽고 그들은 소름 없은 적막함을 남쪽나라의 2, 3일간의 無明과 오랜 신명한테나 의논하는 고요로 가득하게 하옵니다. 감꽃 주위에는 무언가 보일 듯하게 춤을 추는 어둠이 와 어떤 소리를 타고 있사옵니다. 아 이미 발 결리는 맥락에 뛰노니다 흐르는 피로써 저 감나무의 뿌리에 들고 싶사옵니다. 이내 샘솟는 넋이 부서지옵니다.

　만약, 저승의 등불이 꺼진다 해도, 저 감꽃의 부푼 덩어리는 서로 제 부피와 무게만큼씩 다시 새 감꽃덩어리를 이루옵니다. 그리하여 감꽃은 감꽃을 낳고, 감꽃덩어리는 덩어리를 낳고, 또 덩어리는 덩어리들을 낳고……이는 마치 水紋이 퍼지듯이 천지의 빈 데를 퍼져서 아득한 감꽃밭의 뭍과 무덤을 이루어 마지않사옵니다. 한동안 이 업적은 쉬지 않더니 이내 뚝 멈추고 달빛만이 제자리의 두 감나무께만의 둘레를 비추는 것이었사옵니다. 제일 소중한 눈길을 팔아 두 감나무 사이의 실재를 찾으려 하였지마는 제 꽃덩어리가 찬란한 향연을 베풀기를 그치지 않는 까닭에 차라리 눈자위에 흐르는 물오른 졸음을 삼았사옵니다. 결코 이룰 수 없는 잠에 끼아치듯 하였사옵니다. 어느 바다의 기백만 겁을 지새웠는지, 아무리 깨어도 깨어나지 않았던 것이옵니다. 그 사이, 이제 두 감나무는 옛 지혜를 배 안에 배고 있는 모양으로 부풀었사옵니다. 아 그것밖에는 이내 邪한 손은 알지 못하옵니다. 혹 남은 곡식으로는 저 늙은 어둠이나 더 길러주시기 바라옵니다.

한 감나무 밑은 얼마만큼 감꽃술이 져서 쌓이기 시작하였사옵니다. 그 둥치로부터 그 동안 배어 있던 이마와

코와 머리숱이 젊은 소년이 태어나서, 지는 해와 같이 움직이고 있사옵니다. 그의 앞뒤로 꽃들은 드문드문 떨어지옵니다.

얼마나 외로운 모습으로 소년은 제 열락을 누리는지 모르옵니다. 훨씬 달빛은 하늘에 가 있으면서 온 누리를 벗겨놓으려 하옵니다. 그 힘은 弧線을 이루어 교교하고 차가워지옵니다. 문득 서슬이 깨이는 눈먼 칼소리가 나더니, 다른 감나무의 아랫가지 밑으로 소녀가 나타나는 것이옵니다. 이 우연한 탄생은 아무도 증거할 수 없는 것이옵니다. 그네의 눈은 아직 아무것도 볼 수 없으며, 그네의 마음도 또한 온전히 아무런 생각을 담아 보지 않사옵니다. 이대로 시간이 젖는 달빛의 허공은 마주치어 흐르옵니다. 아 이제야말로 더 창조할 것 없는 슬픔이 한 금속이 되어 달을 닮아 맑게 울리옵니다. 그리하여 그네 첫걸음의 아름다움에는 바다 깊은 진주를 열고 있사옵니다.

마침내, 달빛 비낀 그네의 이름을 누가 알리요, 또한 그네의 앞을 당겨 오는 소년을 뉘 알리요. 오직 머언 먼 파도 소리가 따 아래로 구을러 오고 하옵니다. 그는 그네에게 가까워 오고 감꽃은 지기 시작하옵니다. 이다지도 긴 달밤이옵니다. 어느덧 소년은 그네의 깃들인 눈썹 앞에 서 있사옵니다. 아주 이슬들인 錐의 그 눈에 닿으려 할 때, 비로소 그네는 한 걸음을 배워 물러나옵니다. 시골의 건넛동리에 건너간 평화가 감꽃들이 지는 발치에서 우러나옵니다. 오래 지키다가 소년은 옛 걸음으로 물러나옵니다. 그런가 하매, 그네 마지못하여 소년에게 향하여 물러선 걸음을 다시 앞으로 나아가옵니다. 하늘과 따 사이는 온통 까치 노을을 머금은 듯하옵니다. 그들 소년소녀의 간격이 이토록 오락가락함은 서로 합하고 있는 고별을 뜻하는 至上의 교감이옵니다. 이러기를 헤아릴 수 없게 하다가, 드디어 그들은 완연하게 합해 안을 즈음, 첫닭 울음 한 홰가 파묻은 그릇인 양 나는 것이옵니다. 이어서 감꽃덩어리 사이로 빛을 탄 여울 자리에는 그 닭울음들이 비 온 날의 사금파리로 박혀 감나무에는 바람 한 굽이를 휘감게 하옵니다. 아 부끄럽도록 감꽃들이 지옵니다. 감꽃들이 지옵니다. 그들 소년소녀 서로 새로이 누리에 태어난 저 누리의 죽음으로 하여금 서로 사랑하옵니다. 그들 형상은 그들의 본질이옵니다. 아 달

은 서으로 내려가 그려져 있고 달을 따르던 별 한 눈마
저 먼동을 받으려 할 때, 두 감나무의 꽃들은 희끗희끗
저마다 아픈 넋을 얻어 따 위에 지웁니다. 모든 일이 아
직 이른 어둠이옵니다. 두 홰의 울음이 취하듯 새벽 허
공을 그어 울릴 때는 지난날의 어둠도 남아 있는 달빛이
옵니다. 이미 그들의 사랑은 어디론지 어디론지 돌아가
고 그 자리에는 진 감꽃일 뿐이옵니다. 밤새 달은 淨福
의 사역으로 멀리 바래어진 채 남았사옵니다.

제 3 시집

언어의 마을

새벽 밀회

또다시 나는 새벽마다 무덤에 가야 한다.
나와 함께 삼나무 묘판을 만들고
내 세수하는 물과 마실 물을 떠다 주고
기꺼이 먼 심부름도 해준 애의 무덤에 가야 한다.

무덤은 질투의 바다가 일어나는 언덕에 있고
어제 다친 발을 나는 거기 가서 나아야 한다.
내 약속과 돌들이 살아 있기 때문에 새벽 돌길은 매우
험하다.

그 무덤 가에서 벌써 연인은 기다린다.
나를 기다리고 있지 않는 양
새벽 바다에서 온 바람을 치마에 받고 있다.
오오 그렇게도 단정한 연인아.

새벽마다 만나도 항상 바다는 그대 앞에 깨어 있고,
그렇게도 단정하게 자고 난 연인아,
그대가 무덤 가에서 무안한 듯 내 품안을 밀고
어디선가 첫 수꿩 울음 소리가 무덤을 깨우며 지나간다.

그러나 무덤은 나더러 아직 길이 멀다고
오래 있다가 오라고 부탁한다.
오오 새벽에 만나는 바다와
나의 심부름꾼 무덤과
나의 잉태한 연인아

이제 마지막 별들이 찔금찔끔 서두르고 있을 때
나는 바다로부터 솟아난 碑가 되고
차라리 연인은 무덤에게 맡겨야 한다.
곧 말들이 모여 바쁜 꼬리로 나올 것이다.
새벽 연인아, 그대의 마을 일을 오늘 하루만 도울 수
없다.
나는 이사장네 배에 몇백 관의 햇빛을 실어야 한다.

산길

이상하다. 언제나 나의 산길에는
누가 조금 전에 간 자취가 있다.
그렇게도 익숙하건만
늙은 떡갈나무는 외면한 채
아무래도 무슨 일이 있는 듯하고
길은 腐乳 냄새가
이제까지 모여 있다가 흩어지는구나.

이상하다. 나의 산길에는
누가 조금 전에 간 자취가 있다.
한발 한발 조심스레 걸어가면
내 발등은 먼저 간 자취로 떨리는구나.
그래서 빠른 걸음으로 가면
외딴 곽새가 V자 가지에서 날아가 버릴 뿐이다.

어느 날 일몰이 늦었다. 나의 산길에는
그때까지 아침 이슬이 마르지 않고 있다.
자꾸 둘레를 돌아다보면서
이윽고 부락암호로 불러보았다.

저 앞에서 누가 반말로 대꾸한다.
그러나 그가 누구인 줄 어떻게 알겠느냐.

이상하다. 언제나 나의 산길에는
누가 조금 전에 간 자취가 있다.
이 산길은 干潮 바다까지보다 멀고
먼 예리고 고개까지도 닿아 있다.
비록 다른 길이 있을지라도
나는 이 산길을 버릴 수 없구나
왜냐하면 여기서 누구인가 낯선 면모를 만날 테니
까……

예감

가을이다. 어느 나라의 인구가 줄어든다.
긴 편지를 쓰고 끝에는 〈끝〉이라고 썼다.
어제 솖은 60일 캐비지 한 접시
남은 傾斜의 술은 다 마셨다.
들쥐들이 종점에서 종점으로 몰려다닌다.

오늘 영원한 백 원짜리를 벌었다.
너무나 많은 끝이 내 발등에 쌓인다.
감사하다. 감사하다.
주황색 손수건으로
하늘을 보고 자꾸 흔들어야 한다.

가을이다. 저 소학교 운동장에서
일생의 호각 소리가 그친다.
모든 무덤들은 말한다.
다시 이 세상에 태어날 수 없다고……

머무는 친우여, 나는 혼자서 뻗은 길을 걷고 싶구나.

저녁 숲길에서

어느 날보다도 일찍 미자르 별*이 뜨고 나는 일을 마
쳤다.
내 말이 방풍지대 너머로 달려가서
해산하는 메밀밭을 버려놓았기 때문에
나는 말을 끌고 사과하러 가야 한다.
그러나, 한두 번 잘못하는 일은 아름다움일까.
내가 가는 것은 뜻밖의 슬픔을 만나러 가는 것이다.
밭 주인네 집은 숲 저쪽의 오지에 있다.
버린 메밀밭은 저문 뒤에 더욱 역력하구나.
나는 따라오는 말더러 핀잔을 주지 않고
오직 숲길로 접어들자 말했을 뿐이다.
「이제 다 왔다. 네가 좀더 겸손해지면 나도 또한 겸손
해지리라」

우리가 숲으로 들어가자 누가 뒤에서 일어서는 것
같다.
자꾸 돌아다보아도 말 꼬리에 채이는 것은 어둠이다.

* 북두칠성 중의 한 별.

저녁 숲길은 밭 주인의 자취가 가득하고
나는 탄주하는 주인에게 할 말을 연거푸 연습해 본다.
「잘못했습니다. 제 말은 운 뒤 몹시 후회하였습니다」
그러나 화를 낼 주인은 아직 돌아오지 않았다.

다만 밭 주인의 막내딸 머리를 쓰다듬어 주었다.
이상하구나, 내 사과하는 손길이 굳어진다.
아무래도 그 애의 혀에 이끼가 끼고 곧 죽으리라.
나는 주인을 만나지 못한 채 집을 하직하였다.
그 숲속의 집에서 너무나 멀리까지 야채 썩은 냄새가
따라온다.
내 걸음은 훨씬 더디고 말 얼굴이 슬픔을 뿌리친다.

어서 나는 바시 해협** 쪽으로 늙은 말과 돌아가야
한다.
오던 길이 아니었다. 내 눈은 오던 길을 사납게 찾
는다.

** 대만과 필리핀 사이의 바다.

그러나 낯선 길에서 마음이 쭈뼛쭈뼛 모지는구나.
말도 유가족 뭇 여사 흉내를 내며 따라온다.
어디선가, 개울물 소리가 혼자 중얼거리고
단 한 번 죽을 까치가 별빛처럼 운다.

「이제 다 왔다. 밭 주인 딸은 곧 죽으리라」
내가 겨우 들리도록 말하자 말은 엉덩이를 낮춘다.
이 세상 일은 죽음과 닿아 있고
우리들이 사과하고 오는 길에도 닿아 있다.
저녁 숲속은 어둠이 바다 黑潮로부터 돌아온다.
또한 그애의 죽음이 몇 번인가 숨바꼭질도 하는구나.

어느 날보다 일찍 일을 마치고 나는 잘못을 사과하
였다.
우리가 돌아오는 길은 밭 주인네 집에서 멀어지고
이상하구나. 내일 일들이 많은 지류가 되어 떠오르지
않는다.
내가 갑자기 영전에 선 것같이 말은 느끼고
오늘밤에 제 마구간에서 함께 자기를 바란다.

64

어서 가자, 집에서 누가 손을 씻는 소리가 나고 그 위
에서 미자르 별이 기다린다.

휴식

어제는 네가 너무나 많이 달렸구나. 제삿날은 쉬자.
그 불빛 양치류가 무성한 벌판과 허수아비 자빠진 개
발 밭과
몽리 구역의 물벼락 길을 다 지나왔구나.
내가 고삐를 풀었으니
아직 마구간에 들기는 이르고
저 범신론의 남풍을 맞아 씀바귀풀을 뜯어먹어라,

나는 모처럼 숙부네 수레바퀴 곁에서
한 손으로 기타줄을 골라야겠다.
열 번이나 스무 번 뜯어보면
어디가 편찮은지 알고
내 벌판의 오랜 병도 알게 되리라.
〈스쩨삐 다아 스쩨삐……〉를 노래하고 쉬자.

겨울 달빛

어느 시체의 일루전

무덤을 다 팠다. 여기서
겨울 달빛이 너무 멀구나.
雁旅以後 하늘은
언제나 회오리 바람으로 가득하다.
나는 다시 살아났다.
흰 綿地 두루마기 자락을 날리며
내가 긴 밤을 다녀올 곳이 어디인가.

사랑하는 이여, 내가 무덤을 파고 살아서 돌아간다.
그대 마을까지 가려면
이토록 팽팽한 추위로 밤을 새이리라.
또한 내 籠藥 냄새의 이마에는
몇 번이나 밤 거미줄이 걸리리라.

때때로 선잠 깨인 晶日의 자갈길은
지난날 내 弔鍾 소리에 이르고
바다는 저 달이 홀로 있지 않도록

사리 때 고기들을 숨기고 있구나.
슬프도다, 내가 살아 있는 기침 소리를 내면
내 마음이 먼저 나와서 길이 이어질 뿐······

사랑하는 이여. 내가 무덤을 파고 살아서 돌아간다.
그대 마을 망각의 漁油 등불을 꺼라.
밤은 죽음이다. 그러나
이 세상은 새 세상이 되는구나.
부디 그대는 자지 않고 기다려달라.
저 언덕 들짐승의 피의 새벽까지

무덤은 다 팠다. 여기서
겨울 달빛이 너무 멀구나.
만약 이 겨울이 다시 온다면
누가 키 큰 손님으로 그대를 찾겠느냐.
사랑하는 이여,
내가 살아서 돌아간다.
그대는 운 뒤에 문을 열어라.
내 발이 海藻 밀린 자갈에 다쳐 새벽까지는 가리라.

국도

지나왔다. 아무도 만난 일이 없다.
이따금 螢石빛 습기 속으로
젖은 개똥벌레를 만나고
먼 바다에서 12음의 배들이 죽어서 불빛이 된다.
기다리는 것은 미지의 친척들,
그러나 그들을 만난 일이 없다.
차라리 잠든 세상에서 잠들지 않은 窃盜가 된다.
이 밤 세시와 네시 사이를
마시던 술잔은 그대로 놓여 있는 주택을 찾는다.
그리고 임자가 바뀔 개량종자의 밭들을 찾는다.
이제 나는 찾았다. 온갖 절교의 정적을.

그리고 지나왔다. 아무도 만난 일이 없다.
밤 네시의 국도에는
여름철의 말 끝들이 남아 있다.
〈까〉〈요〉〈다〉〈요〉……
어둠 속에서 의문부가 없어지고
전해진 뜻이 없어진 채 남아서 빛나고 있다.

지나왔다. 수레가 지나간 뒤,
말오줌 자국이 적셔진 곳을.
그리하여 가장 술 취할 진정제를 발견했다.
나는 그것을 주워서 던졌다.
어떤 뜻밖의 언덕에 가까스로 명중했느냐.
바다가 내 흉터를 모조리 빼앗아갈 때
아직 새벽은 멀고 말 끝들이 남아 있다.

이윽고 바다가 죽은 어부들을 부른다.
새벽이다. 〈까〉〈요〉〈다〉〈요〉
나는 지친 모자를 벗어 干潮의 머리카락을 뿌린다.
새벽 배는 비어 있을 뿐,
지나왔다. 배들이 죽었다. 나는 말 끝처럼 하얗게 죽
으리라.

햇빛사냥

집집마다 신부가 있다. 얼마나 기다렸느냐.
나는 제 길을 두고 멀리멀리 圓周를 돌아왔다.
늙은 말이 천둥소리를 미리 알 때
비로소 희뜩희뜩한 번개가 떨어진다.
아아 이 세상은 너무나 오래되었다.
그리하여 햇빛이 산너머 하늘에서 오고,
이제 내가 왔다. 이제 마을을 벗어나서
여의주 양파밭을 넘어가면
그곳이다. 모든 햇빛이 모여 있는 곳은.
아무리 그대와 내가 달음질쳐도
겨우 이르는 곳은 좀더 아득하구나.

신부여 눈을 감아라. 햇빛이다.
저 멀리까지 그대는 기다리고
내가 멀리멀리 돌아온 길이 사라졌다.
이곳에서 그대가 7백 2만 크샤나*의 순간들을
내 아우성의 일생에서 빼어버린다.

* 7백 2만 크샤나(찰나) : 1크샤나는 24시간.

어느 나라에도 없다. 이 팽팽한 줄의 햇빛은 없다.
그대는 늙지 않고 나를 버린다.
오랜 이야기들이 다 죽는다.
신부여 그대에게 햇빛뿐이다. 햇빛뿐이다.

十三夜

지난 가을 풍년의 건초 냄새가 따라왔다.
사로잡힌 마을
벗은 처녀들이
한 아름의 달무리를 받는다.
그들은 처음으로 어머니가 되고 싶으리라.

야채밭 조복성박쥐야 아직 거기 앉아 있거라.
온갖 벌레는 교체되었다.
달빛 타오르는 한 잔의 面 앞에서
내가 듣는 것은 무엇이냐.
비 그친 빗물 소리에 처녀들이 놀란다.

가자, 이 우유 넘치는 밤에 풍경은 태생의 정물이 된다.
먼 문맹 마을에서는 자꾸 불빛들이 켜지다가 꺼지리라.
가자, 빗물 소리를 지나서
벗은 처녀들이 쓰러지는 곳에……

새벽 만세

새벽 바다는 더욱 깊다.
그곳에서 내 늙은 목소리는 잠겨 있다가
마구간의 몽고말한테 가서 쿠르르 쏟아진다.
녀석아, 너는 일어났는지
뒷발로 발굽 찧는 소리가
내 오랜 加里分 묻은 창을 울린다.
나는 좀이 쏜 옷을 걸칠 뿐,
아직 새벽 밭 일에는 이르구나.

새벽별은 바라보지 말아라.
별이 울 것이고
네 큰 눈조차 울음이 가득하리라.
이곳이 가장 끝이다.
비로소 나의 흥부는 보호자처럼 울린다.
그때 오키나와 항로 쪽에서
검은 편대기 소리가
첫 하늘을 충혈로 울리는구나.
아아 무거운 보잉 B-52의 혼아. 그리고 녀석아.

나는 마구간에 부탁한다.
새벽 동트는 아픔을 싣고 가서
잠든 처녀네 집에 부려놓자고.
그러나 녀석은 좀더 지체하는지……
나는 바다 쪽에 「새벽 만세!」를 연거푸 불러 비행기
소리를 보낸다.

제 4 시집
작은 노래

작은 노래

눈깔사탕을 사주고 싶은데
나에게는 딸이 없다.

가을의 구멍가게.
*
새벽에 쫓아나가 빈 거리를 다 찾아도
그리운 것은 문이 되어 닫혀 있어라.
*
내 하루 동안 어둠을 만들어서
밤이라 하여
그대 얼마만큼 갔느뇨
저 세상은 빗소리로 가까운 것을……
*
병든 말 잠에서 깰 때
제 방울 소리 듣는 긴 얼굴
*
해 저문 날 낯선 마을을 지나다가
우는 아이에게 길을 묻다.

*
깊은 밤 내가 없는 듯하여
돌아누워 빗소리 잃어버려라.
*
따라갈수록 따라갈수록
먼 썰물이었다가
돌아와서 울부짖는 밀물이었다가

무심이라는 것은 갈매기 몇 마리.
*
늦가을 쌓인 잎새 디디면
죽은 아내의 목소리 부서진다.

아무리 그 목소리 따라가도……
*
아가야 안녕 안녕해라
가을 손님은 하느님
*
잘못 살았다. 잘못 살았다.

비 오다 말다 하는 유성 온천.
*
집 없어서 종점에 내렸는데
저녁 때 골목골목에 쌓인 아이 부르는 소리.
*
아아 이 세상 같아라.
우는 여자 떠나는 서울역.
*
해가 진 다음
이제 죽어도 좋다고 하며

저문 마당귀를 쓸다.
*
떠나가듯이 떠나가듯이 배꽃이 피어 있는데
소풍날 아이들의 〈백마부대 용사들아 ……〉
*
봄눈 녹다.

옷 입다.

옷 입으니 손님이다.
*
돌아다니면 돌아다니면
발가벗은 산등성이

그러나 우리나라 좋아 나도 벗는다.
*
서귀포 앞바다에 비가 온다.
껴안아도 껴안아도

아득한 아내의 허리.
*
아무리 길을 모아도 길 흩어지는 가을비 속
*
내일 모레쯤 쓰러지면
귀여운 승냥이 새끼
내 살을 뜯어먹어라.

오늘 개울에 씻는 여윈 팔다리.

*
그대 먼저 가오. 먼저 가오
죽음을 서로 권하는
할아버지 할머니의 장난……
*
그 나그네 너무 쓸쓸하다.
잘 듣는 술 한 잔
그리고 내 아내와
하룻밤 허리띠를 풀어라.
*
한라산 가을 아득하여라.
마른 열매 따고 돌아가는 비바리 노랫소리
*
비 오는 들길 외로워라.
내 발이 다치지 않았다면
*
기나긴 장마
외상술 마시다가 울어라.

*

돌아누워서 잠 없는 베개
밤비 멈추고 낙숫물 소리 두어 개.

*

김장하고 눈 오고
이웃집 서방 불러라. 개구멍으로 불러라.

*

이제 남이 된 여자와
서로 메마른 인사……
그 여자 허리의 흉터
나를 보고 싶어 뛰어나올까.

*

먼 곳에서 벗 오는 까치 소리
내 이마에 닿아 미리 반가워하다.

*

홀로 도도한 취흥

이 나라 강산을 불러
나 떠날 길을 갈짓자로 만들다.

*
가위 바위 보!

처음으로 맛보는
어린 쓴맛
*
추녀 밑 마른 기침 소리
추운 뜰 잠자리 오려다 만다.
*
세월이여 세월이여
하얀 빨래 바람에 펄럭이는 날 세월 같구나.
*
밤중 1·4후퇴의 허리를 쭈뼛쭈뼛 펴서
술 마시는 내 이웃에는 죽음뿐.

아아 동양사람 하나가 죽음에도 술을 권한다.
*
날이 들어 붓 한 자루로 수평선을 긋다.

*

보리밭 추위 한 점
솟은 종달새 기다려도 기다려도……
*

미안하다
미안하다
나 같은 것이 살아서 국밥을 사 먹는다.
*

싸락눈이 내려서
돌아다보면 여기저기 저승.

제 5 시집

文義 마을에 가서

종로

내 여기 한동안 서 있노라.
모든 지나가는 것들아
비탄 한 꾸러미씩
사 가지고 가는 것들아
현실 괴멸하라 현실 괴멸하라.

내 여기 한동안 서 있노라.
모든 서러운 것들아
내 가슴에 한국 청산가리를 칠하고
이십오 년 전
삼십 년 전
모든 서러운 것들을 태우노라.

내 여기 한동안 서 있노라.
다 지나가버리고
문들이 저마다 닫혀버리고
네온사인아 네온아 너도 꺼지고,
내 대머리로 종로 인경을 치노라.
밤새도록 잠자는 것들아

저 납덩어리 서해에 이르기까지
울부짖는 인경 밑에
내 흰 뇌를 뿌리노라.
현실 괴멸하라. 현실 괴멸하라.

섬진강에서

저문 강물을 보라. 저문 강물을 보라.
내가 부르면 가까운 산들은 내려와서
더 가까운 산으로
강물 위에 떠오르지만
또한 저 노고단 마루가 떠오르기도 한다.
그러나 강물은 저물수록 저 혼자 흐를 따름이다.

저문 강물을 보라.
나는 여기 서서
산이 강물과 함께 저무는 것과
그보다는 강물이 저 혼자서
화엄사 각황전 한 채를 싣고 흐르는 것을 본다.

저문 강물을 보라.
강물 위에 절을 지어서
그곳에 죽은 것들도 돌아와
함께 저무는 강물을 보라.
강물은 흐르면서 깊어진다.
나는 여기 서서

강물이 산을 버리고
또한 커다란 절을 버리기까지
저문 강물을 쉬지 않고 볼 따름이다.

이제 산 것과 죽은 것이 같아서
강물은 구례 곡성 여자들의 소리를 낸다.
그리하여 강기슭의 어둠을 깨우거나
제자리로 돌아가서
멀리 있는 노고단 마루도 깨운다.
깨어 있는 것은
이렇게 저무는구나.
보라. 만겁 번뇌 있거든 저문 강물을 보라.

三四更

천 번 만 번 어두운 밤중
저 혼자 울부짖어서
꽃 한 송이는 핍니다.
그 옆에서
붉은 꽃 한 송이도 벙어리로 핍니다.

살생

어버이도 아들도 벗도 베허라.
만나는 것들
어둠 속의 칼날도 베허버려라.
다음날 아침
천지는 죽은 것으로 쌓여서
내가 할 일은 그것들을 묻는 일.

투망

최근 나에게 비극이 없었다.
어이할 수 없었다.
그리하여 새벽마다
동해 전체에 그물을 던졌다.
처음 몇 번은 소위 허무를 낚아올렸을 뿐,
내 그물에서 새벽 물방울들이 發電했다.
캄캄한 휘파람 소리,
내 손이 타고 내 온몸이 탔다.
그러나 새벽마다 그물을 던졌다.
이윽고 동해 전체를 낚아올려서
동해안의 긴 줄에 오징어로 널어두었다.

한반도여 아무리 가난할지라도 내 오징어를 팔지 마라.

진달래

보아라 새벽마다
어금니를 갈아
가난이나
풀린 흙을 삼켜서
우리나라의 오랜 삶은 이루어졌지만
그것이 여기 진달래로 피어서
눈 못 뜨고 마른 하늘조차 흐득흐득 우는구나.

呼名

잠든 것들아 잠든 것들아
북한강 기슭에서
여러 산 여러 산 그림자를 보고
내가 어둠을 따라 흘러왔도다.
잠든 것들아
그대들이 남겨둔 이름을 부르나니
넋마다 불을 달고
이 경기 땅 강기슭으로 내려오라.
북한강 어린 물소리 혹은 물 속의 돌소리도 함께 와서
이 땅의 잠이 되게 하라.
때로는 고대 유민의 아비가 아이를 부르는 소리,
삼국 변경에 비 오는 소리 들리고
그것들과 함께 잠이 되게 하라.
잠든 것들아 잠든 것들아
그대들의 백골을 일으켜서
그 백골에 불을 달고 내려오라.
이 땅에서는 사람 가운데서 부르는 사람 없도다.
내가 어둠 속으로 부르나니
어서 와서 어둠 속의 강물을 빛나게 하라.

경기 땅 모든 어둠을 빛나게 하라.
그리하여 사람들의 잠이 되고
그 잠을 깨우는 불을 붙여라.
이 땅에서 다시 잠들 수 있게 하고
이 땅에서 강물이 출렁거리면서 흐르게 하라.
그러나 경기 땅 모든 마을에서는
아무도 잠들지 않고
혹은 어둠 가운데 빈 집으로 기다리고 있도다.
잠든 것들아 잠든 것들아
어서 와서 경기 땅 기슭의 잠이 되게 하라.
강물은 흐르지 않는 일이 없도다.
강물과 함께 여러 산 여러 산 그림자도 와서
그 기슭에 살아온 楊水尺 유민의 잠도
그대들의 잠과 함께 와서
이 경기 땅 어둠이 무엇인가를 밝히라.
잠든 것들아 잠든 것들아
내가 잠들지 않고 부르나니 어서 오라.

남산

가야산 기슭에서는
남산 청량봉 전경이 잘 보인다.
눈을 감아도 잘 보인다.
수십 년을 앞서서
눈을 감고
청량봉이 없어지기를 바란다.
이 가을 퇴설당 아래
모르는 사람은
모르는 사람의 아들일 따름이다.

남한에서

북한 여인아 내가 콜레라로
그대의 살 속에 들어가
그대와 함께 죽어서
무덤 하나로 우리나라의 흙을 이루리라.

두만강으로 부치는 편지

누이여, 버들 같은 누이여.
회령 남양의 강기슭에
떠도는 얼음덩어리 풀렸는가.
땅이야 한 가지도 私載하는 바 없이 봄이 오고
아이들은 잘 있으며 강물은 얼마나 깊어졌는가.
누이여 그대 얼마나 땅으로 늙었는가.
말과 마음이 같아도
여기서는 아득아득한지라
그대 얼마나 늙었는가.
이 땅에서 태어난 사람으로서는
이런 인사도 헛되거니와
회령 남양의 저문 강기슭에
서러운 버드나무들은 잘 있는가.
누이여 버들 같은 누이여.
내가 누이라고 하면 백 번 누이인 누이여.

서울의 비

십오 년 전 禪宗의 오대산에서
온몸으로 비를 맞아
내 캄캄한 有無 사이에
비 오는 오대산이 떠내려왔다.
5년 전 南蠻의 제주도 앞바다에서
회오리치는 비로
내 썩은 오장육부가 펑펑 뚫려
죽을 때 외친 소리의 번개 바다가 들어왔다.
1970년 여름 서울 충무로에서
온갖 갈보들을 적시고
나 같은 것은 한 방울도 적셔주지 않는다.
아 잊어버렸던 울음을
내 간질의 이빨로 물어뜯어
비 오는 서울에서 울부짖나니
지나가는 한국 여인들아
내 울음에 1달러나 2달러를 뿌리고 지나가라.

성묘

아버지, 아직 남북통일이 되지 않았습니다.
일제시대 소금장수로
이 땅을 떠도신 아버지.
아무리 아버지의 두만강 압록강을 생각해도
눈 안에 선지가 생길 따름입니다.
아버지의 젊은 시절
두만강의 회령 수양버들을 보셨지요.
국경수비대의 칼날에 비친
저문 압록강의 붉은 물빛을 보셨지요.
그리고 아버지는
모든 남북의 마을을 다니시면서
하얀 소금을 한 되씩 팔았습니다.
때로는 서도 노래도 흥얼거리고
꽃 피는 남쪽에서는 남쪽이라
밀양아리랑도 흥얼거리셨지요.
한마디로, 세월은 흘러서
멈추지 않는 물인지라
젊은 아버지의 추억은
이 땅에 남지도 않고

아버지는 하얀 소금이 떨어져서 돌아가셨습니다.
아버지, 남북통일이 되면
또다시 이 땅에 태어나서
남북을 떠도는 청청한 소금장수가 되십시오.
「소금이여」「소금이여」
그 소리, 멀어져 가는 그 소리 듣게 하십시오.

南原韻文 1

지리산 밑 사람으로 태어나서
그 산이 만든 말로 말하기를
사람아 사람아 소리치는 머리카락을 날리면서 오려무나.
이제 이 땅 어저리에서는 여기 와서
지리산 밑 가을로밖에 살 수 없거늘
누구라 물 한 굽이, 마른 풀포기
이에 불현듯 그려지는 웃음에 이르겠느냐.
사람아 올 수 없거든
이 저문 지리산 가을바람을 아름드리 아름드리 가져가
려무나.
이 저문 지리산 寬相寺 가을바람을 가져가려무나.

南原韻文 2

지리산 세석평전이나 이쪽 피아골에
아니 섬진 상류에 무슨 일이 일어났는가.
문득 운봉 일대가 조용하구나.
남원 사람아 귀를 가다듬어도
남원 寬相寺 풍경이 자는구나.
무슨 일이 일어났는가.
여기서 泉隱寺까지는 멀지 않고
천은사 사미니의 잠을 깨우러 갈거나.
그보다는, 남원 사람아
그대의 귓속의 고요 억겁에 바람을 일으키러 갈거나.
무슨 일이 일어났는가.
무슨 일이 일어났는가.
무슨 일이 일어났는가.
필경 거기서 무슨 일이 일어났는가.
그대의 귓속의 고요 억겁에 바람을 일으키러 갈거나.
그보다는, 그대의 귓속 귓밥이 되어 잠들어버릴거나.

文義* 마을에 가서

겨울 문의에 가서 보았다.
거기까지 닿은 길이
몇 갈래의 길과
가까스로 만나는 것을.
죽음은 죽음만큼 길이 적막하기를 바란다.
마른 소리로 한 번씩 귀를 닫고
길들은 저마다 추운 쪽으로 벋는구나.
그러나 삶은 길에서 돌아가
잠든 마을에 재를 날리고
문득 팔짱 끼어서
먼 산이 너무 가깝구나.
눈이여 죽음을 덮고 또 무엇을 덮겠느냐.

겨울 문의에 가서 보았다.
죽음이 삶을 껴안은 채
한 죽음을 받는 것을.
끝까지 사절하다가

* 충북 청원군의 한 마을.

죽음은 인기척을 듣고
저만큼 가서 뒤를 돌아다본다.
모든 것은 낮아서
이 세상에 눈이 내리고
아무리 돌을 던져도 죽음에 맞지 않는다.
겨울 문의여 눈이 죽음을 덮고 또 무엇을 덮겠느냐.

귀

앞산이 제 골짜기로
시냇물을 만든다.
시냇물에 응하여 시냇물 소리
바다여
이 시냇물 소리 들리거든
모든 기슭에서 물결을 잠들게 하라.

추수 이후

삼가 齋를 올린다.
어디 삼천대천세계를 다 불러들일 수 있겠느냐.
이 나라의 내 어린 여행의 길,
추수 뒤의 빈 들에
한꺼번에 모여드는 어둠일지라도
길가의 여러 곳에는
어디에도 태어나지 못한 넋들이 나타난다.
이 나라의 마른 상수리나무 잎새로
저문 십년송 잎새로
모든 풀이 잠든 산기슭에 떠도는 집 없는 넋들이
그 어둠 가운데서 희끗희끗 나타난다.
삼가 재를 올린다.
빈 들이 빈 마음을 만들지라도
그 마음으로 불러서,
집 없는 넋들아
이 나라가 아무리 떠돌게 할지라도
그리하여 그대들이 곧 이 나라일지라도
빈 들이 저무는 것을 보라.
또는 다 모인 어둠 속에

내 어린 소리로 불러서
그대들의 넋이 된다.
삼가 재를 올린다.
삼가 재를 올린다.
부르면 대답 없는 것이 어디 있겠느냐.
추수 뒤의 빈 들이 어둠 속에서 달려온다.
삼천대천세계도 개자 씨앗이므로
삼가 재를 올리면서
이 씨앗을 심는다.
이 나라와 이 나라의 집 없는 넋들아
내 어린 울음 소리로 재를 올린다.

용인 절터에 가서

어찌 사라진 것이 이것뿐이랴.
겨우 주춧돌 몇 개와 함께
나도 남겨져서
풀 가운데 풀 그늘을 밟는다.
차라리 빈 절터에 절이 있고
남겨진 것은
서산머리에 해로서 진다.
생각건대 풀벌레 소리도
나와 같다.
다시 눈을 뜨면
마침내 절터에 커다란 절이 일어서서
저녁이 밤이 되는구나.
문득 절 모퉁이에
젊은 스님이 나와
며칠 전 새벽 꿈속의 손을,
내 이 세상을 알아본 손을 모은다.
그렇다. 그 스님의 손에
최근 내 다친 손이 낫고 있다.

삶

비록 우리가 가진 것이 없더라도
바람 한 점 없이
지는 나무 잎새를 바라볼 일이다.
또한 바람이 일어나서
흐득흐득 지는 잎새를 바라볼 일이다.
우리가 아는 것이 없더라도
물이 왔다가 가는
저 오랜 썰물 때에 남아 있을 일이다.
젊은 아내여
여기서 사는 동안
우리가 무엇을 가지며 무엇을 안다고 하겠는가.
다만 잎새가 지고 물이 왔다가 갈 따름이다.

눈물 한 방울

내가 돌아다보는 곳에
어찌하여 눈물 한 방울도 흘리지 않겠느냐.
돌아다보면
모든 가까운 것들이 멀리 있고
白雲臺나 五峰이
이 세상을 벗어난다.
벌레 한 마리도 위로하지 못하고 살아왔다.
지금 나에게 산뿐이 아니라
죽어가면서 끝까지 보일 내 아내조차도
이 세상을 벗어나서
이 세상의 바람 소리가 따라간다.
소루쟁이 풀 한 포기도 위로하지 못하고 살아왔다.
내가 서 있는 곳에서
바다까지는 죽어서 가야 하고
개울물은 졸졸 흘러가서 바다에 닿아 있다.
개울물 한 굽이도 위로하지 못하고 살아왔다.
내가 돌아다보는 곳에
어찌하여 눈물 한 방울도 흘리지 않겠느냐.
이 세상은 돌아다볼 때

가장 쓸쓸하여서
나는 이 세상을 떠나기 싫다.
죽어가면서
내 아내에게 맡기는 이 세상에서
바람이 자고 아내의 눈에 눈물 한 방울……
아내여 내가 돌아다보는 곳에
모든 눈물겨운 것들이 있다.
죽어도 다시 살아나서
그대인 줄 아는 세상이라면
어찌하여 내가 그대와 더불어
눈물 한 방울도 흘리지 않겠느냐.

初秋

아우여 서쪽으로 울을 치지 마라.
내가 가야 할 곳은
아무리 찾아보아도 그쪽이다.
돌아온 아우여
살아가면서 아는 얼굴이
몇 잔의 술로 취하여
가을이 오면 가을뿐인 것 같다.
내가 가야 할 곳은 서쪽
나뭇가지 사이로 서쪽이 멀어서
가을 저녁을 기다린다.
가을이 저물 무렵은
이 세상의 나도
이 세상의 아름다움도 저문다.
아우여 네가 돌아와
쓰러지도록 울을 치고
다시 살아가려는 아우여,
이제 이 세상을
너에게 맡기고
오늘처럼 떠나려고
저문 서쪽으로 길을 찾는다.

침묵에 대하여

모든 침묵들아
한반도에 흩어진 침묵들아
돌아오라
옥수숫대 서걱이는 바람 소리 사이로
강물이 흐르는 곳을 거슬러서
어제와 달리 일으키는 물결 사이로
썩은 두엄 속에 박혀 있는 기침 소리 사이로
돌아오라
아무것도 쓰지 못하는 흰 종이 위에
밤의 벼랑
그 벼랑의 바위 틈에 남은 뿌리에
간통하는 암컷들의 살 속에
아니 소리란 소리를 다 잊어버린 사람들의 잠 속에 있는
침묵들아
돌아오라
돌아와서 커다란 침묵으로
침묵의 아우성을 들려다오
어떤 아우성보다도 무섭게
모든 침묵들아 돌아오라
그리하여 한반도의 침묵을 모든 바다에까지 파급하라.

모든 침묵들아 떠나지 마라.
돌아오라. 한 개의 침묵은 침묵이 아니다.
한 개의 소리는 소리이나
모든 침묵 속에
그 소리는 살아 있다.
내설악의 나무 잎새들아
닫힌 문 닫힌 입들아
사람들의 하나하나의 노예적 애수들아
돌아와서
침묵으로 만나고
침묵으로 이 땅의 모든 뼈들에게 제사를 지내다오.
돌아오라 돌아오라 때는 가을이다.

청진동에서

우리가 이름을 부르며 떠도는 것은
떠도는 곳에만 우리가 있을지라도
또한 금빛 저녁 바다 위에도 있다.
그렇다. 우연은 어느 날보다 잉잉거린다.
우리가 우연으로 모여서
몸 속의 어둠으로 떠도는 것은
저녁 바다에 이르러
다음날 모든 금빛을 걷어버리려 함!
우연이란 몇만 개의 우연인 하나와
또 하나의 그리운 벗들아
우리가 우렛소리를 먹어도
앞서서 쓰러지지 않고
저녁 바다의 번개를 불러서 운다.
우리가 떠돌지 않을 때
누가 구층 십층 밑에서 우리로서 떠돌겠는가.

을파소

밤이 깊어서 길은 깨어 있다.
우리를 위하여 멀리까지 깨어 있다.
다친 조랑말 을파소야
서둘지 말고 가자.
우리는 후회한 다음 태어나서
후회할 일도 없다.
하늘에는 캄캄하게 거미줄이 자라나고
때때로 별빛이 걸려서 내려온다.
아무리 큰 소리로 불러도
별을 부를 수 없고
우리는 흔들리는 수레에 실은
빈 그릇에 밤을 담았을 뿐이다.
길은 몇 갑절이나 친하여
네 부지런한 흉년의 방울 소리는
지나는 길에서 잠들 때도 있다.
서둘지 말고 가자.
마음이 바쁘지 않으면
어둠은 차례차례 비켜나서
우리가 온 뒤를 따라온다.

이제 바람 자는 풀밭길을 지나서
불꺼진 외딴 마을과
중국 과부네 넓은 야채밭길도 지나왔다.
죽어가는 노인은 죽음을 서둘지 않고
우리도 서둘지 말고 가자.
먼동이 틀 때까지는 도달한다.
그렇지 않으면 끝에서 기다리다가
추운 집이 달려오리라.
서둘지 말고 가자.
내 가난은 언제나 네 가난이고
아무것도 받지 않으려고
이 세상에 네가 왔지만
길은 잠든 것들이 버린
어둠에 깨어 있다.
왜 이렇게도 죽음에 익숙한지,
너는 내 마음을 잘 알아서
잠든 술집을 지나갈 때는
뒤를 돌아다보며 늦추는구나.
그러나 지나가버리자.

밤이 깊으면 술보다 밤이 좋구나.
내가 죽음을 생각하면
또한 너도 생각한다.
서둘지 말고 가자.
가서 네 마구간에서 함께 쉬자.
을파소야 이제 절반이 넘어
네 쉰 꼬리가 한 번 嶺을 치는구나.

고은의 시세계

염무웅

그 동안 틈틈이 읽어오던 고은의 시들을 이번 기회에 거의 대부분 통독한 셈이다. 곁들여 김현의 고은론인 『시인의 사상적 세계』를 비롯해서 그에 관한 비평들도 얼마간 읽어보았다. 특히 김현의 평문은 제1시집 『피안감성(彼岸感性)』부터 제3시집 『언어의 마을』까지에 있어서의 고은의 어떤 측면을 정밀하게 분석한 글로서, 이 시인의 시세계를 더 많이 알고자 하는 독자들에게는 좋은 참고가 될 것이다. 한편, 고은의 제4시집이자 가장 최근의 시집인 『문의(文義) 마을에 가서』가 이 시인의 시적 발전 과정에서 가지는 의미는 홍기삼과 김종철이 서평의 형식으로 각각 다룬 바 있으므로 이 역시 독자들에게 참고가 될 것이다.

필자는 고은의 시를 분석한 이 분들의 평론에서 깨우침을 얻은 바도 적지 않고 공감되는 바도 없지 않았으나, 이와 더불어 상당한 부분에서 의견을 달리하지 않을 수 없었다. 그러나 이 자리에서 필자는 어떤 전문적인 이론을 피력하기보다, 내심으로 시를 좋아하고 읽고 싶어하면서도 이해하기

어려워서 좀체 접근 못 하는 평범한 독자의 입장이 되어 그
의 시세계를 살펴 나가려고 한다.

　생각건대 시라고 하는 것은 소수의 전문가들에게 체계적
으로 분석되기 위해 있는 것이 아니고 그냥 이러저러하게
살아가는 많은 사람들에게 각자의 위치에서 즐겨지기 위해
있는 것일 터이며, 그렇게 즐겨지는 가운데 그 많은 사람들
을 어떤 형제적 우애 속에 묶어 그들의 인간다운 삶을 이룩
하는 데 도움을 준다고 한다면 그야말로 훌륭한 시라고 일
컬을 수 있을 것이다.

　　　1

　고은의 문학 세계를 이해하기 위해서 우리는 먼저 그가
말을 사용하는 방식에 주의를 기울일 필요가 있다. 그가 사
용하는 어휘나 조사법(措辭法)들은 때때로 지나치게 상식을
벗어나는 것이어서 우리를 심히 당황하게 만든다. 난데없는
단어가 튀어나오는 수도 있고, 정상적인 문맥으로부터의 돌
연한 이탈이라고 여겨지는 구절도 많다. 특정한 인물이나
사물·지명 등을 지칭하는 명사들이 작품 속에 수시로 등장
하는데, 그러나 시인은 그 특정의 명사가 으레 가지리라고
예측되는 어떤 특수한 의미(또는 상징)가 무엇인지 독자가
합리적으로 추리할 만한 단서를 제공하지 않는다. 문장과
문장 사이에 〈그리하여〉〈마침내〉〈차라리〉〈이제〉〈비로
소〉 등등의 부사들을 삽입하여 시인 자신으로서는 일정한 논
리적·시간적·심리적 인과관계를 설정하고 있으나, 독자들
에게는 그것이 시인의 의도만큼 잘 전달되어 오지 않고 오

히려 그러한 부사들의 삽입 자체가 매우 생소한 느낌을 준
다. 때로는 조어(造語)도 있고 때로는 명백한 오문(誤文)도
있다. 고은의 시에서 방금 지적한 문장 및 문체상의 특질을
증명해 주는 예를 찾기는 지극히 쉬운 일이다. 거의 아무
데를 펼쳐도 우리는 그러한 예를 발견한다.

어제는 네가 너무나 많이 달렸구나. 제삿날은 쉬자.
그 불빛 양치류가 무성한 벌판과 허수아비 자빠진 개발
밭과
몽리 구역의 물벼락 길을 다 지나왔구나.
——「휴식」

滿潮여, 누군들 그대 앞에 한낱 어린 길손이리라.
——「이 滿潮에 노래하다」

늙은 말이 천둥소리를 미리 알 때
비로소 희뜩희뜩한 번개가 떨어진다.
아아 이 세상은 너무나 오래되었다.
그리하여 햇빛이 산너머 하늘에서 오고,
이제 내가 왔다. 이제 마을을 벗어나서
여의주 양파밭을 넘어가면
그곳이다. 모든 햇빛이 모여 있는 곳은
——「햇빛사냥」

독자들은 여기 인용된 구절이 포함되어 있는 작품을 찾아
서 그 전문(全文)을 정독해 보기 바란다. 그리고 나서 인용
된 구절들의 정확한 의미를 해석해 보기 바란다. 아마 상당

히 어려울 것이고 어떤 부분에서는 불가능할 것이다. 그러
나 여기서의 어려움이 곧 소위 현대시의 난해성과 일치하는
것은 아니며, 또한 그런 차원에서만 합리화해서도 안 될 것
이라고 생각한다. 가령, 고은의 산문들을 구해서 그의 시와
비교해 보자.

이상(李箱)은 한말 고종 치세(治世) 이후 명료한 가계를
통해서 전형적인 서울 사람이라는 체질을 가지고 있다. 그
것은 이 땅의 문학이 모범적으로 또는 부정적으로 말해질
때의 지방사(地方史) 대상의 작가에 상반되는 특수성을 그
가 가지고 있다는 사실이다.

이것은 그의 「이상 평전」의 한 구절이다. 이 역시 상당히
까다로운 문장인데, 여기서도 우리는 고은이 설명하고자 하
는 내용이 어렵다는 이유 이외의 다른 요인이 이 산문을 어
렵게 만들고 있음을 쉽사리 간파할 수 있다. 물론 시를 산
문에서와 같이 몇 개의 문장으로 환원하는 것은 마치 아름
다운 여인의 미를 코의 높이나 피부의 영양 상태로써 설명
하려 드는 것만큼 어리석은 노릇이지만, 그러나 시도 문장
의 한 형식(매우 특수한 형식이기는 하나)임에는 틀림없는
사실이다. 요컨대 고은의 시가 상식적인 독자들을 얼떨떨하
게 만드는 이유 중의 일부는 이 시인의 독특한 언어 사용
습관에서 찾아질 수 있다는 말이다. 따라서 독자들은 그의
문장 습관 내지 문체에 익숙해짐으로써 그의 시를 불필요하
게 현학적으로 해석하는 위험에서 얼마간 벗어날 수 있을
것이며, 시인 역시 이런 사실을 의식함으로써 자기 시의 본
질적 가치나 미적 효과를 훼손하지 않는 범위 내에서 시를

보다 쉽게 쓰는 길을 찾을 수 있을 것이다.

2

　격정적이고 충동적이어서 독자를 당혹하게 만드는 그의
언어 사용 방식은 그러면 어떻게 해명되어야 할까. 그것이
고은의 문학에서 단순한 하나의 결함 혹은 폐단이라고만 보
는 것은 물론 지극히 피상적이다. 단순한 결함이나 폐단은
오직 지양과 제거의 대상일 뿐인데, 이것은 누구나 문학소
년 시절의 습작기에 거치는 과정인 것이다. 다시 말하여 그
의 문장 및 문체상의 특질은 그의 문학 세계에서 따로 떼낼
수 없는 본질적인 일부분이다.
　고은의 시는 이 현세적 자연과 인생의 끊임없는 소멸 작
용에 대한 필사적인 자기 방어라고 할 수 있다. 그의 관점
에서 볼 때 이 세계는 나타남과 사라짐의 영원한 반복이 이
루어지는 터전이다. 그의 시는 이 생멸(生滅)의 과정에서
시인에 의해 순간적으로 붙잡혀서 언어의 형태로 응결된 것
이다. 눈앞을 지나가는 한 순간의 인상, 머릿속에 스쳐가는
한 순간의 영감, 이것들은 비록 순간적이어서 믿을 수가 없
지만 그래도 그것에 의하지 않고서는 세계의 존재는 성립되
지 않는다고 여겨진다. 그의 언어는 인상의 순간성과 감정
의 직접성이 시간의 흐름과 일상적 논리와 세속적 이해 관
계의 풍화 작용에 의해 바래기 전에 붙잡힌 포로들인 것이
다. 우리의 삶이 스스로를 의심하지 않아도 좋을 근거로서
진정하게 〈상주하는 것〉은 세상에 없고, 모든 것은 허무의
나락으로 사라지며, 다만 순간순간들을 징검다리로 해서 존

재를 지속할 수밖에 없기 때문에, 시인의 언어는 순간을 포
착하는 데 필사적이 안 될 수 없다. 고은의 시적 긴장은 이
처럼 세계를 소멸과 상실의 과정으로 보는 비극적 인식과, 그
것을 언어의 힘으로 순간순간이나마 정착시켜 보려는 긍정
적 노력 사이에 성립된다.

<blockquote>

이 유월의 유동나무 잎새로써

그대 襟度는 넓고 보드라워라.

저문 들에는 노을이 短命하게 떠나가야 한다.

산을 바라보면 며칠째 바라본 듯하고

나만 저 세상의 일을 알고 있는 양.

벌써 들쥐놈들은 바쁘고

낮은 담 기슭에 상추는 쇠어간다.

제 모가지를 달래면서 소와 말들은 돌아가

차라리 馬珠樹꽃을 싫어하며 빈 새김질을 하리라.

이제 저문 어린애 제 울음을 그친 귓속으로

내 등뒤에 하나인 것이 너무나 많고,

저 九州 하현달 단 하나만 늦게 떠올라 오리라.

——「저문 別刀原에서」

</blockquote>

　어느 벌판의 쓸쓸한 황혼을 노래한 이 시에서도 독자들은
단순한 서경시로서는 필요 없는 낱말과 어법에 부딪혀 당황
할 것이다. 〈유동나무〉〈마주수(馬珠樹)꽃〉〈구주(九州)〉들
은 왜 각각 여기 동원되었는지 해명되기 힘들다. 〈유동나무
잎새〉로 비유되는 넓고 부드러운 〈그대 금도(襟度)〉란 또
무엇인지 알기 어렵다. 〈내 등뒤에 하나인 것이 너무나 많
고〉라는 표현도 알 듯하면서도 분명히 잡히지 않는다. 이

결과 우리는 이 시의 의미를 시에 쓰여진 문면(文面) 내부에서만 해명하려는 것이 헛됨을 깨닫게 되는 것이다.

여기서 우리는 〈벌써〉〈차라리〉〈이제〉 같은 부사들에 주목할 필요가 있다. 시의 문면에서만 볼 때 이 부사들은 앞뒤의 시간과 장면을 연결시키는 본래의 기능을 다하지 못하고 있으며, 그래서 가령 〈차라리〉 같은 말은 아주 엉뚱하다는 느낌마저 준다. 이것은 이 부사들이 〈유월의 유동나무 잎새〉〈곧 사라져 없어질 노을〉〈늘 그 모양인 산〉〈바쁘게 설치는 들쥐〉〈모가지를 흔들며 돌아가는 소와 말〉 등등 시인에게 순간적으로 포착된 영상들을 시의 문면에서가 아니라 시인의 심리적 전개 과정 속에서 결합시키고 있음을 말해 주는 것이다. 풍경을 노래한 고은의 많은 시들이 정지된 장면의 공간적 배치를 보여주지 않고(이 시인이 보기에 그것은 전혀 무의미한 일이다. 왜냐하면 모든 가시적(可視的) 자연은 조만간 소멸해 버리는 허상이며 일종의 거짓이기 때문이다) 언제나 시간의 심리적 전개 속에서의 몇 개 동작의 몽타주로 묘사되고 있다는 것은 매우 흥미 있는 일이다.

이상과 같은 측면에서 볼 때, 〈나는 창조보다 소멸에 기여한다〉는 고은의 말은 그 자신의 시를 직설적으로 설명하는 명제가 될 수 있다. 과연 그는 때때로 무(無)의 나락으로 소멸해 가고 영원한 허공으로 상실되어 가는 것 속에서 예술을 발견하며 멸망하고 몰락해 가는 것의 아름다움에 황홀하게 집착하기도 한다. 이 점에서 그는 흔히들 말하는 대로 허무주의자이다. 그러나 그의 허무주의에 진정한 시적 다이내미즘을 부여하는 것은 이 허무주의에 상반되는 계기, 즉 상주(常住)의 세계에 대한 잊을 수도 끊을 수도 없는 갈망이다. 다만 그것은 아직 진실로 체험되지 못하고 있는 것이다.

> 노래는 누가 지었는지 모르고 노래만 남아 있다.
>
> ──「海軟風」

> 만약, 저승의 등불이 꺼진다 해도, 저 감꽃의 부푼 덩어리는 서로 제 부피와 무게만큼씩 다시 새 감꽃덩어리를 이루옵니다. 그리하여 감꽃은 감꽃을 낳고, 감꽃덩어리는 덩어리를 낳고, 또 덩어리는 덩어리들을 낳고⋯⋯
>
> ──「新 월광곡」

> 어둠 속에서 의문부가 없어지고
> 전해진 뜻이 없어진 채 남아서 빛나고 있다.
>
> ──「국도」

위에 인용된 시에서의 〈노래〉〈감꽃〉〈국도〉들은 어느 순간 시인에게 소멸의 윤회를 벗어난 참된 실재로 여겨지며, 그리하여 시인은 그 순간 혹은 그 순간의 사물을 영원화하고 싶은 유혹에 사로잡힌다. 이러한 유혹이 시인의 내면에서 부단히 작용하고 있다는 면에서 〈창조보다 소멸에 기여한다〉는 그의 명제는 그의 시에 역설적으로 관련된다. 그러나 시인은 곧 그 순간 혹은 그 순간의 사물이 타자(他者)요 이물(異物)이며, 그러한 유혹이 실천적 체험의 진실로 변모되지 않는 한 하나의 감상적 허위일 수도 있음을 깨닫지 않을 수 없다. 다음과 같은 아름다운 시에서 우리는 사물의 존재 아닌 사람이 사는 모습조차 나 자신의 체험 바깥에서는 결국 자연의 일부일 수밖에 없음을 보게 된다. (이 시에서 남의

애기 하듯, 옛날 애기 하듯 하는 말투에 주의하기 바란다.)

  그이들끼리 살데.

  골짜구니 아래도 그 위에도
  그들의 얼얼이 떠서
  바람으로 들리데,

  그이들 솔바람 속의
  빈 산허리,

  이 사을, 바위를 끌라
  우는 추녀끝
  뜰에 떨어지는 풍경 소리에

  그이들끼리 살데.

  이제, 돌아와 한 번 잊은 뒤,
  도로 가고 싶은
  그이들의 얼 바람진 산허리.

  그이들은 살데. 그이들은 살데.
——「천은사 韻」

3

　제3시집 『언어의 마을』까지를 대범하게 고은의 초기 시대라 부를 수 있다면, 이 시대의 그의 시들은 존재의 근거를 위협하는 허무와의 싸움(때로는 허무에의 내맡김)에 바쳐지고 있다 할 수 있겠다. 물론 이 말은 그의 초기 시세계에 대한 전면적 언급이라고 할 수는 없다. 또 어떤 뜻에서 이것은 하나의 대담한 가설이랄 수도 있다. 가령, 누이와 폐결핵과 바다의 이미지에 관한 김현의 상세한 분석도 여기 적절하게 수용되어야 할 것이다. 특히 삶과 죽음의 일상적·세속적 차별을 해소한 어떤 높은 달관의 경지가 노래된 「묘지 頌」 같은 우수한 작품의 시적 성과가 평가되어야 할 것이며, 「내 아내의 농업」 「애마 한스와 함께」 등처럼 이 무렵의 고은으로서는 예외적인 싱싱하고 발랄한 작품들이 또한 더불어 언급되어야 할 것이다.
　그러나 어쨌든 우리는 초기 시의 세계가 고은 자신의 말대로 〈사사적(私事的)인〉 한계에 머물러 있음을 인정하고자 한다. 이와 더불어 우리는 이 한계가 시집 『문의 마을에 가서』에 이르러 돌파되고 있음을 보고 기쁨을 고백하고자 한다.
　사사적인 세계라는 것은 요컨대 개인의 내적 체험만이 믿을 수 있는 체험이라는 신념의 세계이다. 이 세상에 나 개인의 존재를 의심 없이 의탁해도 좋은 상주하는 실재는 존재하지 않는 것으로 여겨지기 때문에 내가 직접 만져보고 겪어보지 않은 것은 허위에 불과하며, 심지어 직접적인 체험조차도 영속적인 것은 아니다. 시집 『문의 마을에 가서』는 이러한 초기 시의 자아 집착으로부터 놀랄 만큼 벗어나 있는 것이다.

문득 절 모퉁이에
젊은 스님이 나와
며칠 전 새벽 꿈속의 손을,
내 이 세상을 알아본 손을 모은다.
그렇다. 그 스님의 손에
최근 내 다친 손이 낫고 있다.
——「용인 절터에 가서」

이 작품을 앞에 인용한 「천은사 韻」과 비교해 보기 바란
다. 〈새벽 꿈속〉이라는 유보를 아직 남겨두고 있음에도 불
구하고 나와 스님과의 이러한 관계는 젊은 날 고은의 시에
서는 결코 이루어질 수 없었을 것이다.

누이여, 버들 같은 누이여.
회령 남양의 강기슭에
떠도는 얼음덩어리 풀렸는가.
땅이야 한 가지도 私載하는 바 없이 봄이 오고
아이들은 잘 있으며 강물은 얼마나 깊어졌는가.
누이여 그대 얼마나 땅으로 늙었는가.
——「두만강으로 부치는 편지」

이 작품에서의 누이가 「폐결핵」「奢侈」 같은 작품들에서
의 누이와 얼마나 다른지에 대해서는 구차하게 설명할 필요
가 없을 것이다. 이것은 시집 『문의 마을에 가서』에 이르러
고은의 시가 사사(私事)의 세계에서 역사적 현실의 세계로
들어와 있음을 보여주는 것이다. 이와 더불어 〈바다〉〈농장〉
의 이미지는 〈강물〉〈거리〉의 이미지로 변모되고 있음을 알

수 있고, 〈땅이야 한 가지도 私載하는 바 없이 봄이 오고〉
처럼 초기 시의 독특한 수사법이 아직 많이 남아 있는데도
전체적으로는 대단히 평이해지고 있음을 알 수 있다. 무엇
보다도 근본적인 변화는 그의 체험 세계의 질적 확장이라고
하겠다.

우리가 이름을 부르며 떠도는 것은
떠도는 곳에만 우리가 있을지라도
또한 금빛 저녁 바다 위에도 있다.
그렇다. 우연은 어느 날보다 잉잉거린다.
──「청진동에서」

흐른 뒤에도 흐르는 것 위에
길을 이루어
나를 부르는 소리
──「강 건너 마을」

여기서 중요한 것은 우리 인간의 삶이 서로 부대끼며 모
여 있음으로써 이루어진다는 것, 모여서 흘러가는 삶들의
강물에 마치 우연처럼 나의 삶도 동참되어 있다는 것, 그러
나 그것은 결코 허무한 우연이 아니라 건강한 필연이며 이
렇게 삶들이 서로 필연적으로 얽혀 있음으로 해서 삶이 정
말 삶다워진다는 것의 체험이다. 순간성에 대한 연속성, 개
별체에 대한 공동체의 경험이라고 할 것이다.
　『문의 마을에 가서』에서의 이러한 변화가 어떻게 해서 일
어났는지를 단정적으로 설명하기는 어렵다. 이른바 제주도
를 떠나 청진동 거리로 나왔다는 전기적(傳記的) 사실이 하

나의 참고가 될 것이다. 초기 시의 제한된 세계란 어떤 방식으로든 극복될 수밖에 없었다는 사정도 수긍이 된다. 이 밖에도 우리는 그럴듯한 이유를 더 제시할 수 있겠다. 그러나 어쨌든 우리는 그의 시적 발전이 바람직한 방향에서 전개되고 있다고 생각한다. 「초추(初秋)」 같은 작품에서 그는 시적 상징으로서가 아니라 함께 살아가는 피붙이로서의 가족을 부른다. 「종로」「추수 이후」 등에서 그는 어지러운 시대적 현실의 한가운데 서서 부르짖는다. 「눈물 한 방울」「서울의 비」「삶」에서 그는 마치 이중섭의 마지막 무렵 같은 처절한 정직성으로써 자기를 질타하고 동시에 자기를 긍정한다. 「호명(呼名)」「진달래」 등에서 그는 역사의 한 매듭을 책임져야 할 존재로서 개인적 삶을 인식한다. 「투망」「남한에서」「성묘」 등에서 그는 어떤 일시적 이데올로기나 정치 권력에 의해서도 분리될 수 없는 민족적 공동체의 정서를 노래한다. 이 모든 것은 이제부터 이루어갈 그의 문학적 업적에 그와 더불어 살고 있는 동시대인들의 삶이 지금까지보다 훨씬 더 많은 것을 힘입게 되리라는 우리의 기대를 확실하게 증명해 주는 사실이다.

(문학평론가 · 영남대 교수)

연보

1933년 　전북 군산에서 태어남.

1958년 　《현대시》에 「폐결핵」을 발표하여 등단.
　　　　　《현대문학》에 시 「봄밤의 말씀」「눈길」「천은사 운」
　　　　　으로 추천을 받음.

1960년 　시집 『피안감성』 출간.

1963년 　장시 「니르바나」 발표.

1964년 　시집 『해변의 운문집』 출간.

1967년 　시집 『신, 언어의 마을』 출간.

1974년 　시집 『문의(文義) 마을에 가서』, 장편소설 『일식』, 소
　　　　　설집 『어린 나그네』 출간.

1975년 　시선집 『부활』 출간.

1977년 　시집 『입산』, 소설집 『밤주막』 출간.

1978년 　시집 『새벽길』 출간.

1980년 　소설집 『산너머 산너머 벅찬 아픔이거라』 출간.

1983년 　『고은 시전집』(전2권) 출간.

1984년 　시집 『조국의 별』 출간.

1986년 　『만인보』(1-3권), 시집 『시여 날아가라』 출간.

1987년 　시집 『전원시편』『백두산』(1-2권) 출간.
　　　　　한국문학상 수상.

1988년 　『만인보』(4-6권), 시집 『네 눈동자』『고은 전집』(전4
　　　　　권) 출간.

제3회 〈만해 문학상〉 수상.

1990년 『만인보』(7-9권), 시집 『아침이슬』『눈물을 위하여』
        출간.

1991년 『백두산』(3-4권), 장편소설 『화엄경』 출간.
        중앙문화대상 수상.

1992년 소설 『그들의 벌판』『내가 만든 사막』, 시집 『내일
        의 노래』 출간.

1993년 서사시 『백두산』 완성. 시집 『아직 가지 않은 길』
        『산』 출간.

현재   경기대 대학원 교수.

오늘의 시인 총서 4

부활

1판 1쇄 펴냄 1974년 1월 1일
1판 4쇄 펴냄 1991년 7월 30일
2판 1쇄 펴냄 1995년 11월 20일
2판 6쇄 펴냄 2014년 10월 27일

지은이 고은
발행인 박근섭, 박상준
펴낸곳 (주)민음사

출판등록 1966.5.19. 제16-490호
서울특별시 강남구 도산대로1길 62(신사동)
강남출판문화센터 5층(135-887)
대표전화 515-2000 팩시밀리 515-2007

www.minumsa.com

ⓒ 고은, 1974, 1995. Printed in Seoul, Korea

ISBN 978-89-374-0604-1 04810
ISBN 978-89-374-0600-3 (세트)

*지은이와 합의하여 인지를 붙이지 않습니다.